Impressum
Verlag: BABADADA GmbH, Nedderfeld 112 , 22529 Hamburg
Geschäftsführer / Verlagsleitung: Harald Hof
Druck: Books on Demand GmbH, In de Tarpen 42, 22848 Norderstedt

Imprint
Publisher: BABADADA GmbH, Nedderfeld 112 , 22529 Hamburg, Germany
Managing Director / Publishing direction: Harald Hof
Print: Books on Demand GmbH, In de Tarpen 42, 22848 Norderstedt, Germany

škola

la escuela

trieda
el aula

deliť
dividir

186/2

školský dvor
el patio

tabuľa
la pizarra

učiteľ
el maestro/a

papier
el papel

písať
escribir

pero
el bolígrafo

písací stôl
el escritoria

pravítko
la regla

kniha
el libro

žiak
el alumno/a

školská taška

la cartera

peračník

la caja de lápices

ceruza

el lápiz

strúhadlo na ceruzky

el sacapuntas

guma

la goma de borrar

skicár

el cuaderno de dibujo

kresba

el dibujo

štetec

el pincel

vodové farby

la caja de pinturas

nožnice

las tijeras

lepidlo

el pegamento

cvičný zošit

el cuaderno de ejercicios

domáca úloha

los deberes

číslo

el número

sčítať

sumar

odčítať

restar

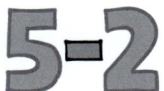

násobiť

multiplicar

počítať

calcular

písmeno

la letra

abeceda

el alfabeto

slovo

la palabra

text

el texto

čítať

leer

krieda

la tiza

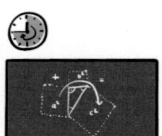

hodina

la lección

triedna kniha

el cuaderno de notas

skúška

el examen

certifikát

el certificado

školská uniforma

el uniforme

vzdelanie

la educación

encyklopédia

la enciclopedia

univerzita

la universidad

mikroskop

el microscopio

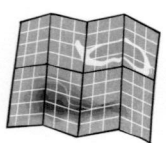

mapa

el mapa

kôš na papier

la papelera

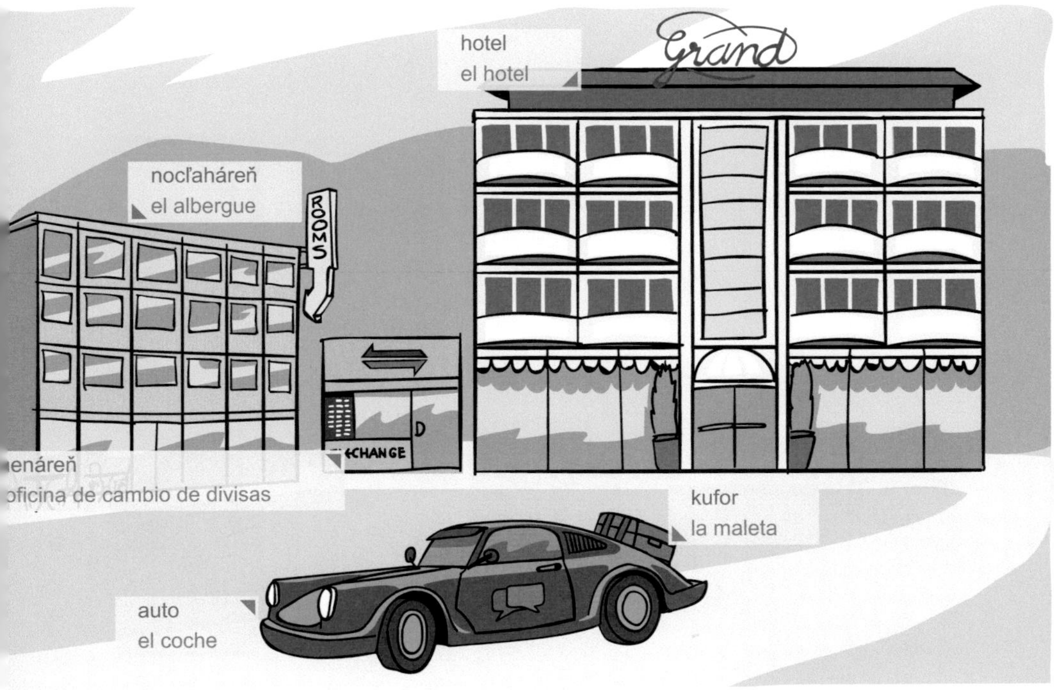

hotel
el hotel
Grand
nocľaháreň
el albergue
ROOMS
enáreň
oficina de cambio de divisas
kufor
la maleta
auto
el coche

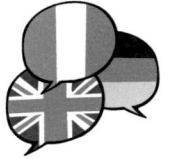

jazyk

el idioma

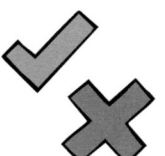

áno/nie

sí / no

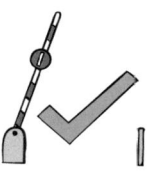

v poriadku

Vale

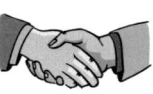

ahoj

hola

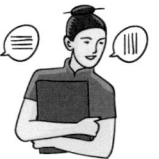

prekladateľ

el traductor

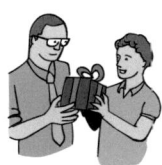

ďakujem

Gracias

Koľko stojí ... ?

¿cuánto es…?

Nerozumiem

No entiendo

problém

el problema

Dobrý večer!

¡Buenas tardes!

Dobré ráno!

¡Buenos días!

Dobrú noc!

¡Buenas noches!

Dovidenia

adiós

smer

la dirección

batožina

el equipaje

taška

la bolsa

batoh

la mochila

hosť

el invitado

izba

la habitación

spacák

el saco de dormir

stan

la tienda de campaña

informácie pre turistov

la información turística

pláž

la playa

kreditná karta

la tarjeta de crédito

raňajky

el desayuno

obed

el almuerzo

večera

la cena

cestovný lístok

el billete

výťah

el ascensor

poštová známka

el sello

hranica

la frontera

clo

la aduana

veľvyslanectvo

la embajada

vízum

la visa

cestovný pas

el pasaporte

el transporte

lietadlo
el avión

loď
el barco

požiarnické auto
el coche de bomberos

nákladné auto
el camión

autobus
el autobús

motorový čln
la lancha a motor

bicykel
la bicicleta

auto
el coche

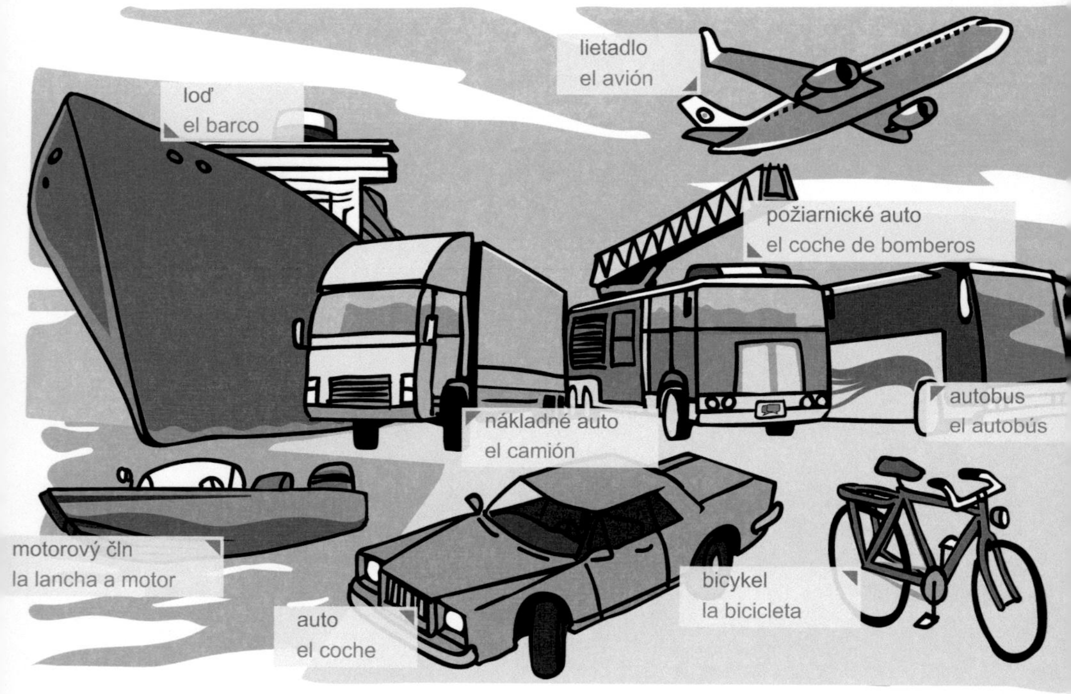

trajekt

el transbordador

loď

la barca

motorka

la moto

policajné auto

el coche de policía

pretekárske auto

el coche de carreras

vozidlo z požičovne

el coche de alquiler

carsharing

el préstamo de vehículos

odťahové auto

la grúa

smetiarske auto

el camión de la basura

motor

el motor

benzín

la gasolina

čerpacia stanica

la gasolinera

dopravná značka

la señal de tráfico

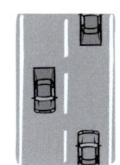

premávka

el tráfico

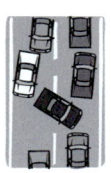

zápcha

el atasco

parkovisko

el aparcamiento

vlaková stanica

la estación de tren

trate

las vías

vlak

el tren

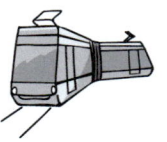

električka

el tranvía

vagón

el vagón

helikoptéra

el helicóptero

letisko

el aeropuerto

veža

la torre

pasažier

el pasajero

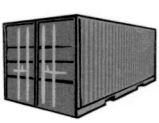

kontajner

el contenedor

kartón

la caja de cartón

vozík

la carretilla

kôš

la cesta

štartovať / pristáť

despegar / aterrizar

mesto

la ciudad

dedina

el pueblo

centrum mesta

el centro de la ciudad

dom

la casa

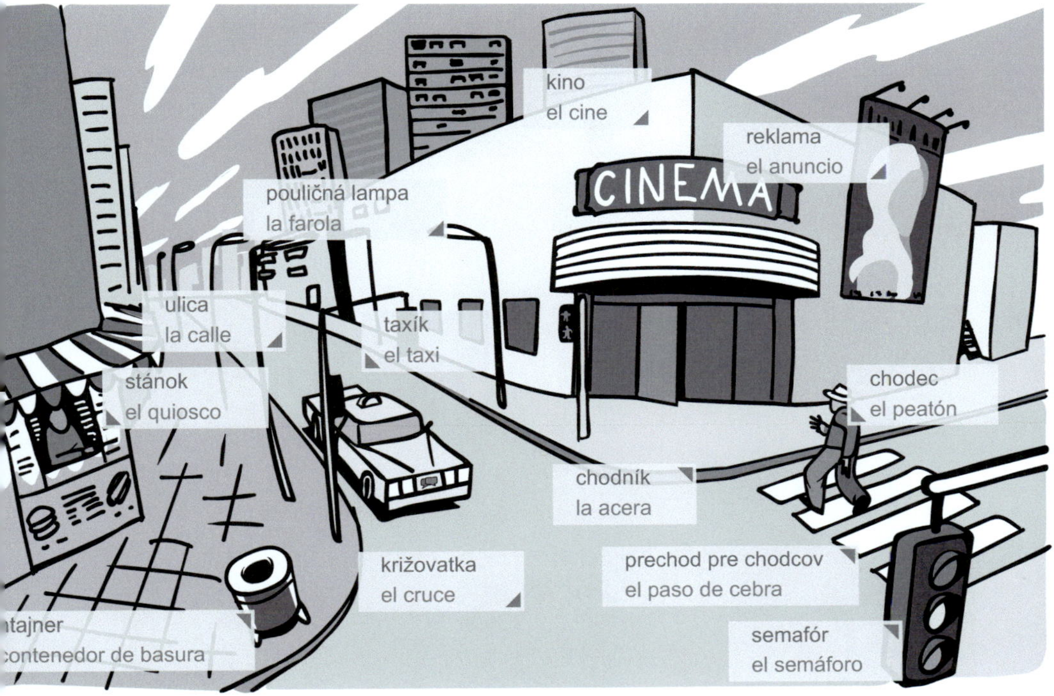

kino
el cine

reklama
el anuncio

pouličná lampa
la farola

CINEMA

ulica
la calle

taxík
el taxi

stánok
el quiosco

chodec
el peatón

chodník
la acera

križovatka
el cruce

prechod pre chodcov
el paso de cebra

semafór
el semáforo

...tajner
...ontenedor de basura

chata

la cabaña

byt

el apartamento

vlaková stanica

la estación de tren

radnica

el ayuntamiento

múzeum

el museo

škola

la escuela

univerzita

la universidad

banka

el banco

nemocnica

el hospital

hotel

el hotel

lekáreň

la farmacia

kancelária

la oficina

kníhkupectvo

la librería

obchod

la tienda de campaña

kvetinárstvo

la floristería

supermarket

el supermercado

trh

el mercado

obchodný dom

los grandes almacenes

obchodník s rybami

la pescadería

nákupné stredisko

el centro comercial

prístav

el puerto

park

el parque

lavička

el banco

most

el puente

schody

las escaleras

metro

el metro

tunel

el túnel

autobusová zastávka

la parada de autobús

bar

el bar

reštaurácia

el restaurante

poštová schránka

el buzón

tabuľa s názvom ulice

el poste indicador

parkovacie hodiny

el parquímetro

ZOO

el zoo

plaváreň

la piscina

mešita

la mezquita

farma
la granja

znečisťovanie životného prostredia
la contaminación

cintorín
el cementerio

kostol
la iglesia

ihrisko
el patio de juego

chrám
el templo

terén
el paisaje

list
la hoja

smerová tabuľa
la señal

cesta
el camino

lúka
el prado

kameň
la piedra

strom
el árbol

turista
el excursionista

rieka
el río

tráva
la hierba

kvet
la flor

dolina

el valle

kopec

la colina

jazero

el lago

les

el bosque

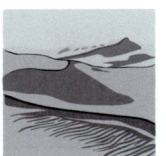

púšť

el desierto

vulkán

el volcán

zámok

el castillo

dúha

el arcoíris

hríb

el champiñón

palma

la palmera

komár

el mosquito

mucha

la mosca

mravec

la hormiga

včela

la abeja

pavúk

la araña

chrobák

el escarabajo

žaba

la rana

veverička

la ardilla

jež

el erizo

zajac

la liebre

sova

la lechuza

vták

el pájaro

labuť

el cisne

diviak

el jabalí

jeleň

el ciervo

los

el alce

hrádza

la presa

veterná turbína

la turbina eólica

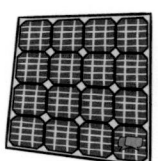

solárny panel

el panel solar

podnebie

el clima

reštaurácia
el restaurante

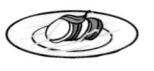

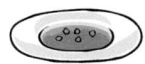

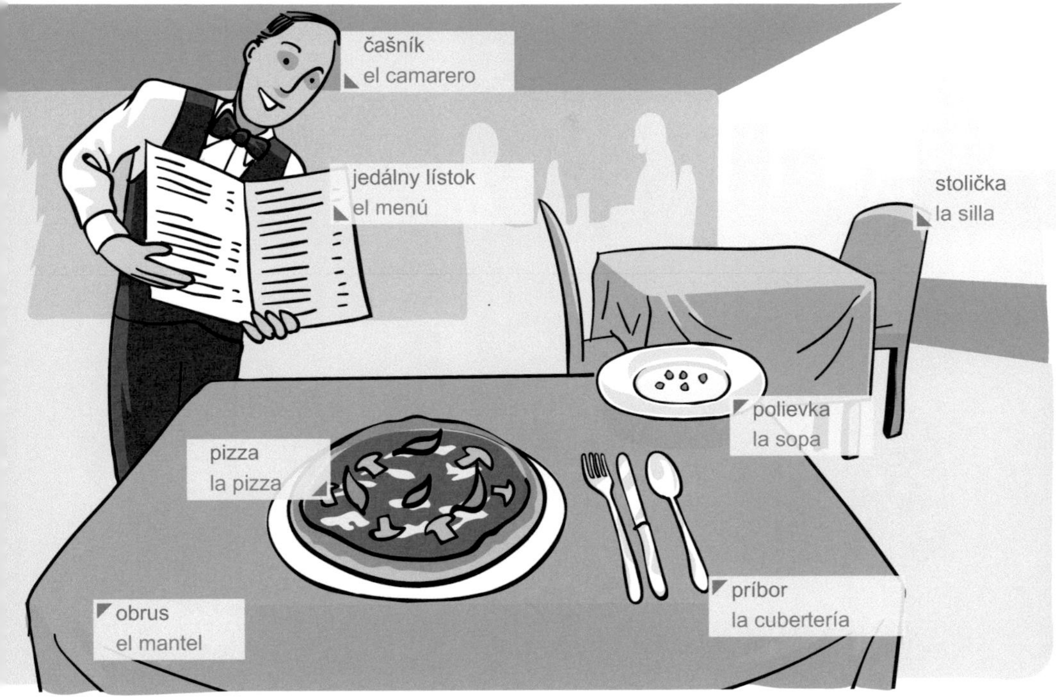
čašník
el camarero
jedálny lístok
el menú
stolička
la silla
polievka
la sopa
pizza
la pizza
príbor
la cubertería
obrus
el mantel

predjedlo

el primer plato

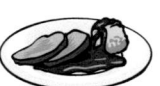

hlavné jedlo

el plato principal

zákusok

el postre

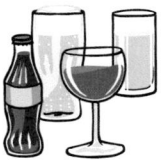

nápoje

las bebidas

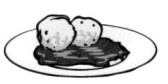

jedlo

la comida

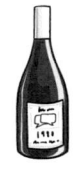

fľaša

la botella

fast-food

la comida rápida

street food

la comida callejera

kanvica na čaj

la tetera

cukornička

el azucarero

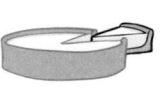

porcia

la porción

stroj na espresso

la cafetera expreso

detská stolička

la trona

účet

la cuenta

podnos

la bandeja

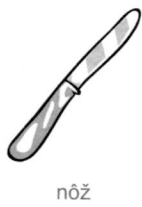

nôž

el cuchillo

vidlička

el tenedor

lyžica

la cuchara

čajová lyžička

la cucharilla

obrúsok

la servilleta

pohár

el vaso

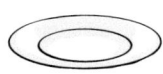

tanier

el plato

hlboký tanier

el plato hondo

podšálka

el platillo

omáčka

la salsa

soľnička

el salero

mlynček na korenie

el molinillo de pimienta

ocot

el vinagre

olej

el aceite

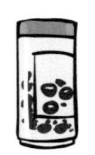

korenie

las especias

kečup

el ketchup

horčica

la mostaza

majonéza

la mayonesa

supermarket

el supermercado

špeciálna ponuka
la oferta especial
FOR
klient
el cliente
mliečne výrobky
los lácteos
ovocie
la fruta
nákupný vozík
el carro de compra

BUTCHERS

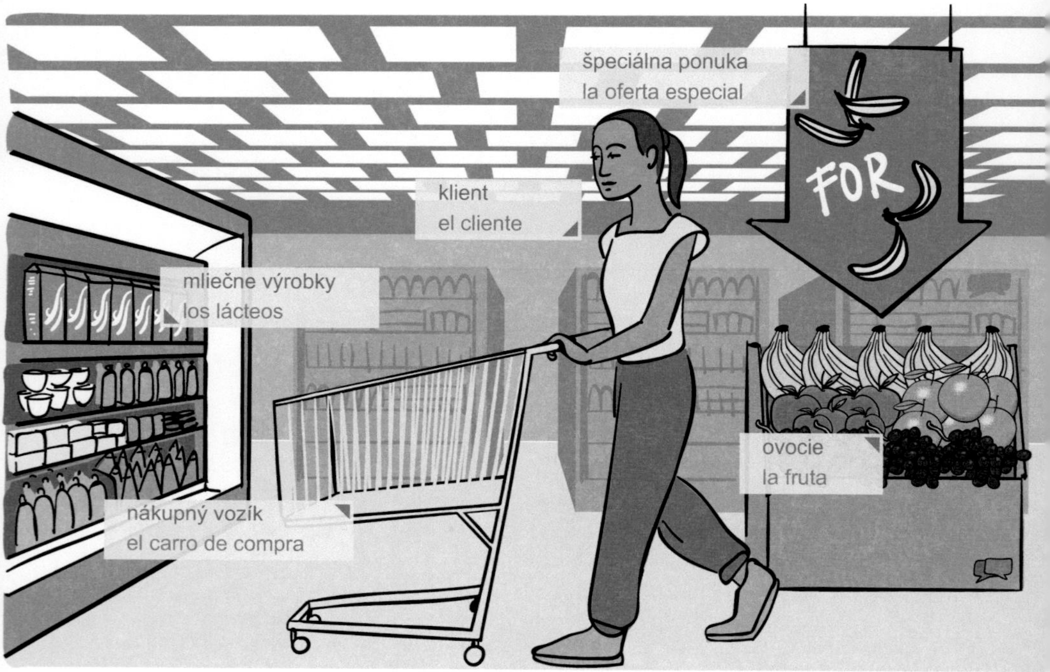

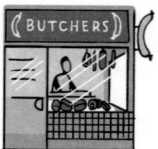

mäsiarstvo

la carniceria

BAKERY

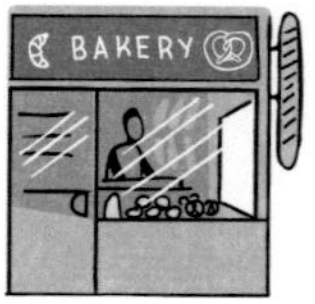

pekáreň

la panadería

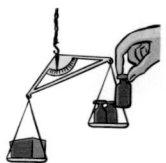

vážiť

pesar

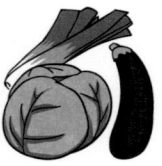

zelenina

las verduras

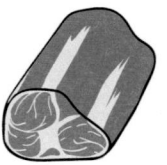

mäso

la carne

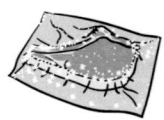

mrazené potraviny

los alimentos congelados

nárez

los fiambres

konzervy

las conservas

prací prostriedok

el detergente en polvo

sladkosti

los dulces

domáce potreby

productos de uso doméstico

čistiace prostriedky

productos de limpieza

predavačka

la vendedora

pokladňa

la caja de cartón

pokladník

el cajero

nákupný zoznam

la lista de la compra

otváracie hodiny

el horario de atención al
público

peňaženka

la cartera

kreditná karta

la tarjeta de crédito

taška

la bolsa de plástico

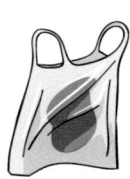

plastové vrecko

la bolsa de plástico

nápoje
las bebidas

voda

el agua

džús

el zumo

mlieko

la leche

kola

la cola

víno

el vino

pivo

la cerveza

alkohol

el alcohol

kakao

el cacao

čaj

el té

káva

el café

espresso

el expreso

kapučíno

el capuchino

banán

el plátano

jablko

la manzana

pomaranč

la naranja

melón

el melón

citrón

el limón

mrkva

la zanahoria

cesnak

el ajo

bambus

el bambú

cibuľa

la cebolla

hríb

el champiñón

orechy

las avellanas

rezance

los fideos

špagety

las espagueti

ryža

el arroz

šalát

la ensalada

hranolky

las patatas fritas

pečené zemiaky

las patatas fritas

pizza

la pizza

hamburger

la hamburguesa

obložený chlebík

el sándwich

rezeň

el filete

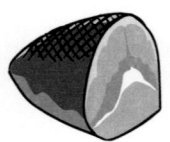

šunka

el jamón

saláma

le salami

klobása

la salchicha

kurča

el pollo

pečené mäso

el asado

ryba

el pescado

ovsené vločky

los copos de avena

müsli

el muesli

kukuričné lupienky

los copos de maíz

múka

la harina

croissant

el cruasán

pečivo

el panecillo

chlieb

el pan

hrianka

la tostada

sušienky

las galletas

maslo

la mantequilla

tvaroh

la cuajada

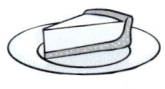

koláč

el pastel

vajce

el huevo

volské oko

el huevo frito

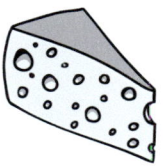

syr

el queso

zmrzlina

el helado

cukor

el azúcar

med

la miel

lekvár

la mermelada

nugátová nátierka

la crema de turrón

karí korenie

el curry

farma
la granja

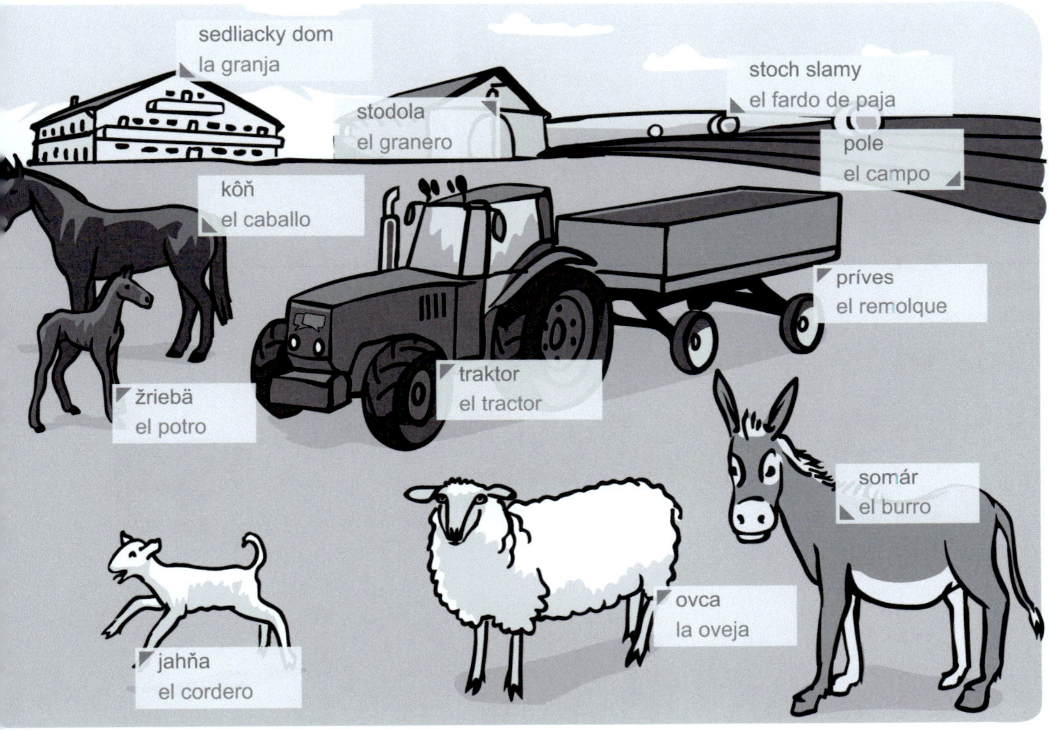
sedliacky dom
la granja
stodola
el granero
stoch slamy
el fardo de paja
pole
el campo
kôň
el caballo
príves
el remolque
traktor
el tractor
žriebä
el potro
somár
el burro
ovca
la oveja
jahňa
el cordero

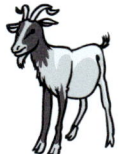

koza

la cabra

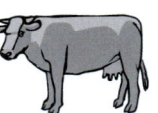

krava

la vaca

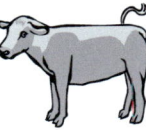

teľa

el ternero

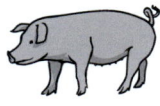

prasa

el cerdo

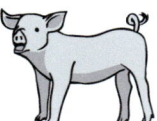

prasiatko

el cerdito

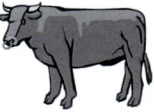

býk

el toro

hus

el ganso

kačica

el pato

kuriatko

el pollo

sliepka

la gallina

kohút

el gallo

potkan

la rata

mačka

el gato

myš

el ratón

vôl

el buey

pes

el perro

psia búda

la perrera

záhradná hadica

la manguera

krhla

la regadera

kosa

la guadaňa

pluh

el arado

kosák
la hoz

motyka
la azada

vidly na hnoj
la horca

sekera
el hacha

fúrik
la carretilla

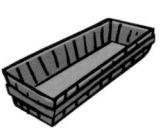

koryto
el abrevadero

kanva na mlieko
la lechera

vrece
el saco

plot
la valla

maštaľ
el establo

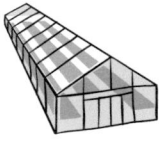

skleník
el invernadero

pôda
el suelo

osivo
la semilla

hnojivo
el fertilizador

kombajn
la cosechadora

žať

cosechar

žatva

la cosecha

batát

el ñame

pšenica

el trigo

sója

el soja

zemiak

la patata

kukurica

el maíz

repka

la semilla de colza

ovocný strom

el árbol frutal

maniok

la mandioca

obilie

las cereales

dom
la casa

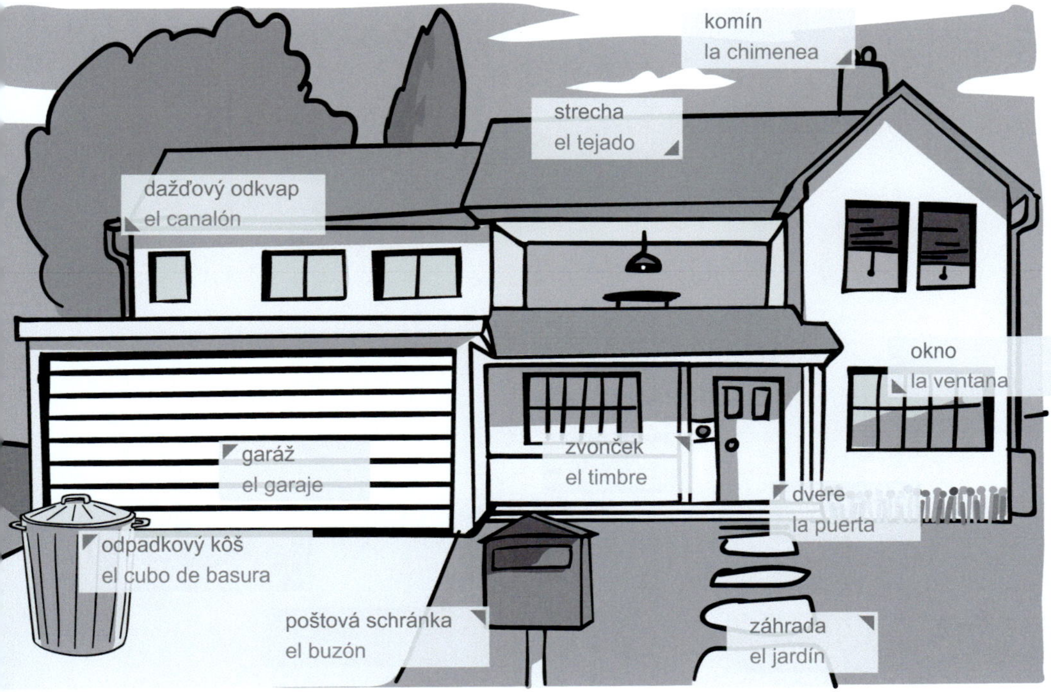
komín
la chimenea
strecha
el tejado
dažďový odkvap
el canalón
okno
la ventana
zvonček
el timbre
garáž
el garaje
dvere
la puerta
odpadkový kôš
el cubo de basura
poštová schránka
el buzón
záhrada
el jardín

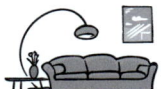

obývačka

la sala

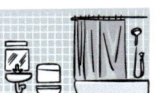

kúpeľňa

el cuarto de baño

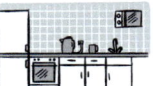

kuchyňa

la cocina

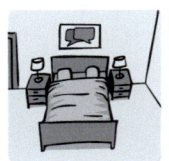

spálňa

el dormitorio

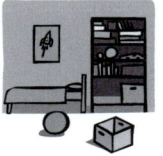

detská izba

la habitación de los niños

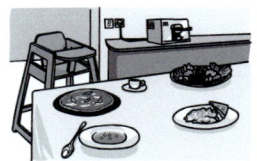

jedáleň

el comedor

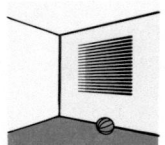

podlaha

el suelo

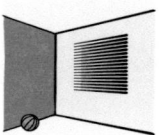

stena

la pared

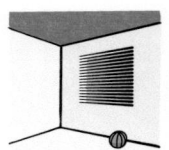

strop

el techo

pivnica

el sótano

sauna

la sauna

balkón

el balcón

terasa

la terraza

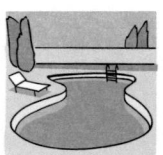

bazén

la piscina

kosačka

el cortacésped

obliečka

la sábana

posteľná prikrývka

la colcha

posteľ

la cama

metla

la escoba

vedro

el balde

vypínač

el interruptor

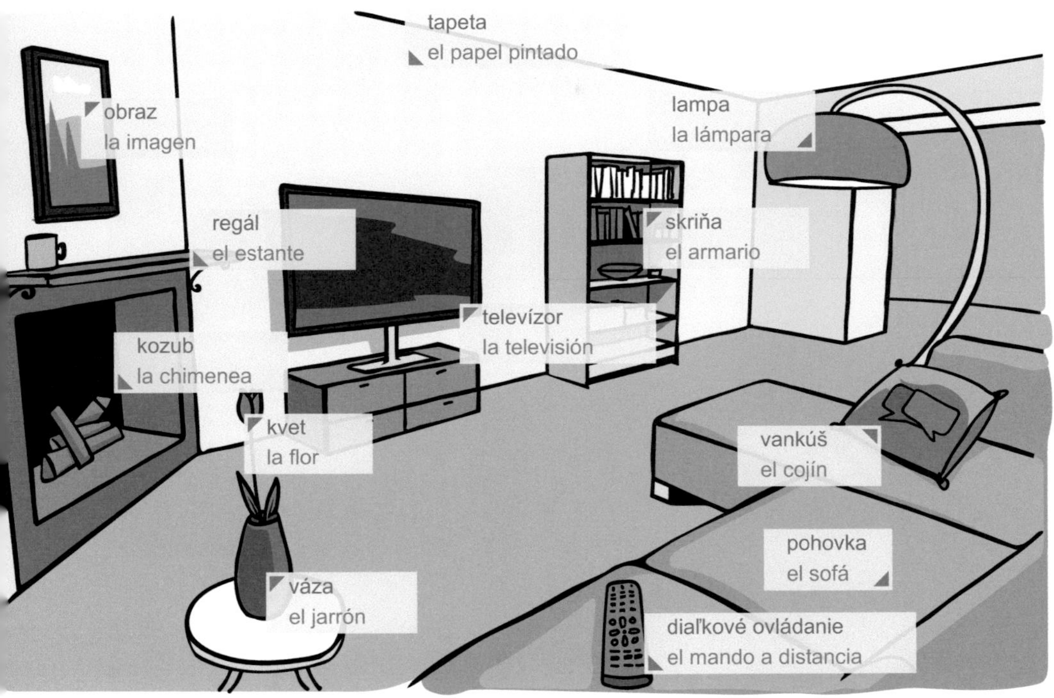

tapeta
el papel pintado

obraz
la imagen

lampa
la lámpara

regál
el estante

skriňa
el armario

kozub
la chimenea

televízor
la televisión

kvet
la flor

vankúš
el cojín

pohovka
el sofá

váza
el jarrón

diaľkové ovládanie
el mando a distancia

koberec
....
la alfombra

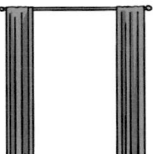

záclona
....
la cortina

stôl
....
la mesa

stolička
....
la silla

hojdacie kreslo
....
el mecedora

kreslo
....
la butaca

kniha

el libro

prikrývka

la manta

dekorácia

la decoración

drevo na kúrenie

la leña

film

la película

hi-fi veža

el equipo de música

kľúč

la llave

noviny

el periódico

maľba

la pintura

plagát

el póster

rádio

la radio

zápisník

el cuaderno

vysávač

la aspiradora

kaktus

el cactus

sviečka

la vela

kuchyňa
la cocina

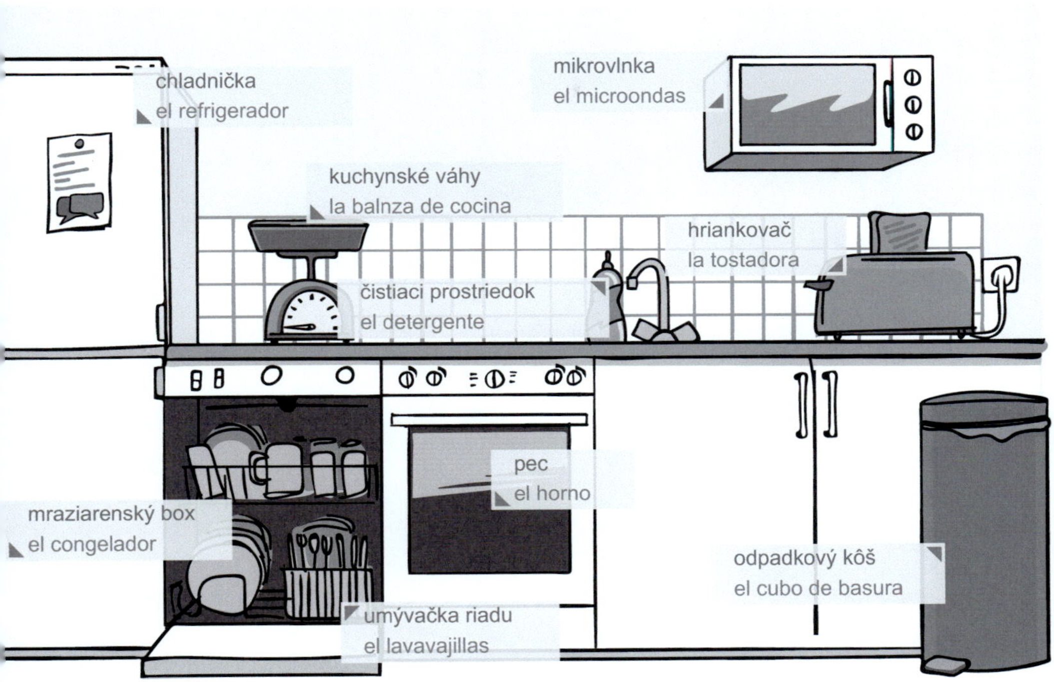
chladnička
el refrigerador
mikrovlnka
el microondas
kuchynské váhy
la balnza de cocina
hriankovač
la tostadora
čistiaci prostriedok
el detergente
pec
el horno
mraziarenský box
el congelador
odpadkový kôš
el cubo de basura
umývačka riadu
el lavavajillas

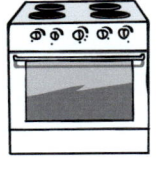

sporák

la olla a presión

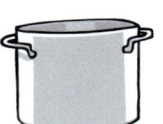

hrniec

la olla

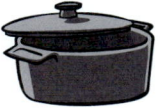

železný hrniec

la olla de hierro fundido

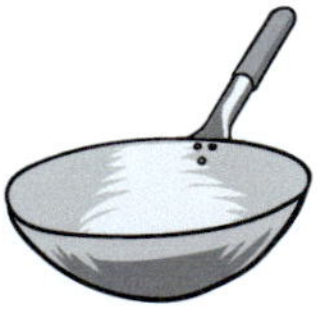

wok / kadai

el wok

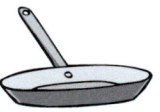

panvica

la cazuela

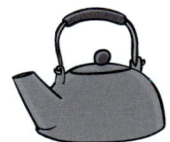

rýchlovarná kanvica

el hervidor

parný hrniec

la vaporera

plech na pečenie

la chapa de horno

riad

la vajilla

pohár

la taza

misa

el tazón

paličky

los palillos

naberačka na polievku

el cucharón

stierka

la espumadera

metlička

el batidor

cedidlo

el colador

sitko

el cedazo

strúhadlo

el rallador

mažiar

el mortero

gril

la barbacoa

ohnisko

la hoguera

doska na krájanie

la tabla de picar

valček na cesto

el rodillo

vývrtka

el sacacorchos

konzerva

la lata

otvárač na konzervy

el abrelatas

chňapka

el agarrador

výlevka

el lavabo

kefa

el cepillo

hubka

la esponja

mixér

la batidora

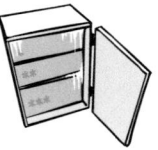

mraznička

el congelador

kojenecká fľaša

el biberón

vodovodný kohútik

el grifo

kúpeľňa

el cuarto de baño

sprcha
la ducha
kúrenie
la calefacción
uterák
la toalla
sprchový záves
la cortina de la ducha
pena do kúpeľa
el baño de espuma
vaňa
la bañera
pohár
el vaso
práčka
la lavadora
vodovodný kohútik
el grifo
dlaždice
las baldosas
nočník
el orinal
výlevka
el lavabo

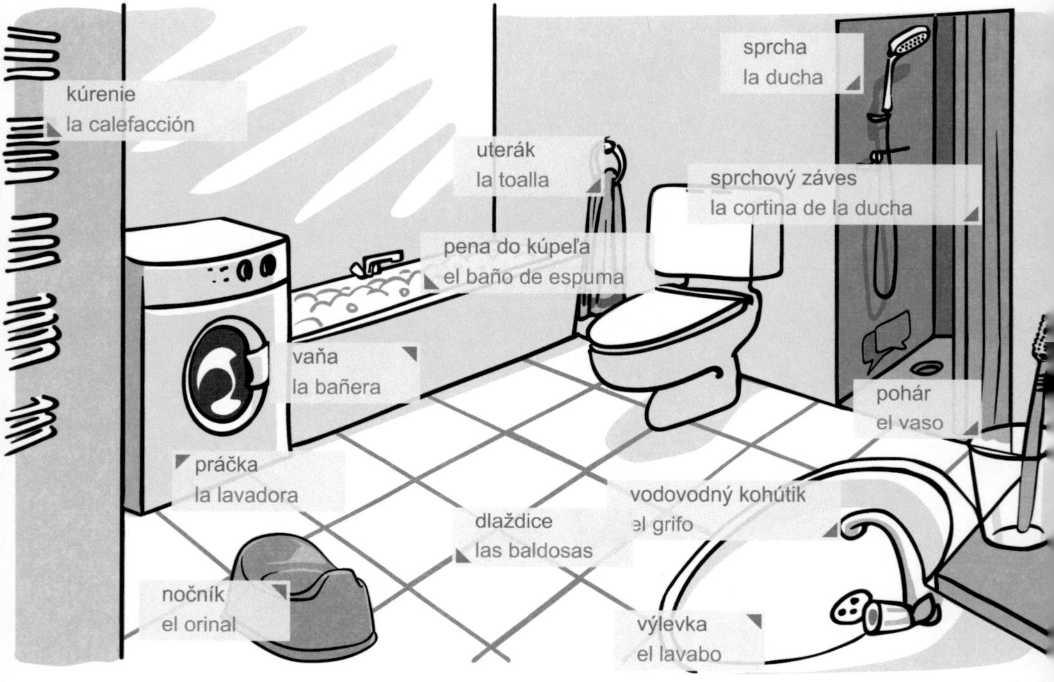

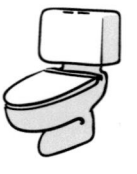

záchod

el inodoro

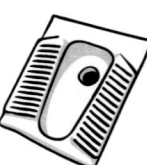

suchý záchod

el inodoro rústico

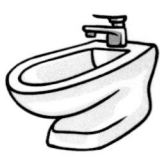

bidet

el bidé

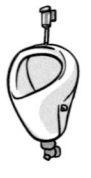

pisoár

el urinario

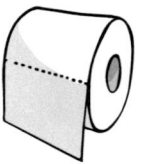

toaletný papier

el papel higiénico

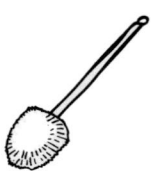

záchodová kefa

la escobilla del váter

zubná kefka

el cepillo de dientes

zubná pasta

la pasta de dientes

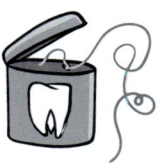

dentálna niť

el hilo dental

umývať

lavar

ručná sprcha

la ducha de mano

sprcha pre intímnu hygienu

la ducha íntima

umývadlo

la pila

kefa na chrbát

el cepillo de espalda

mydlo

el jabón

sprchový gél

el gel de ducha

šampón

el champú

frotírová rukavica

la toallita

odtok

el desagüe

krém

la crema

dezodorant

el desodorante

zrkadlo

el espejo

kozmetické zrkadlo

el espejo de tocador

žiletka

la maquinilla de afeitar

pena na holenie

la espuma de afeitar

voda po holení

la loción postafeitado

hrebeň

el peine

kefa

el cepillo

sušič vlasov

el secador

sprej na vlasy

la laca

make-up

el maquillaje

rúž

el pintalabios

lak na nechty

el pintauñas

vata

el algodón

nožnice na nechty

el cortauñas

parfum

el perfume

kozmetická taška

el estuche de viaje

stolček

la banqueta

váha

la balanza

kúpací plášť

el albornoz

gumové rukavice

los guantes de goma

tampón

el tampón

menštruačná vložka

la compresa

chemické WC

el inodoro químico

detská izba
la habitación de los niños

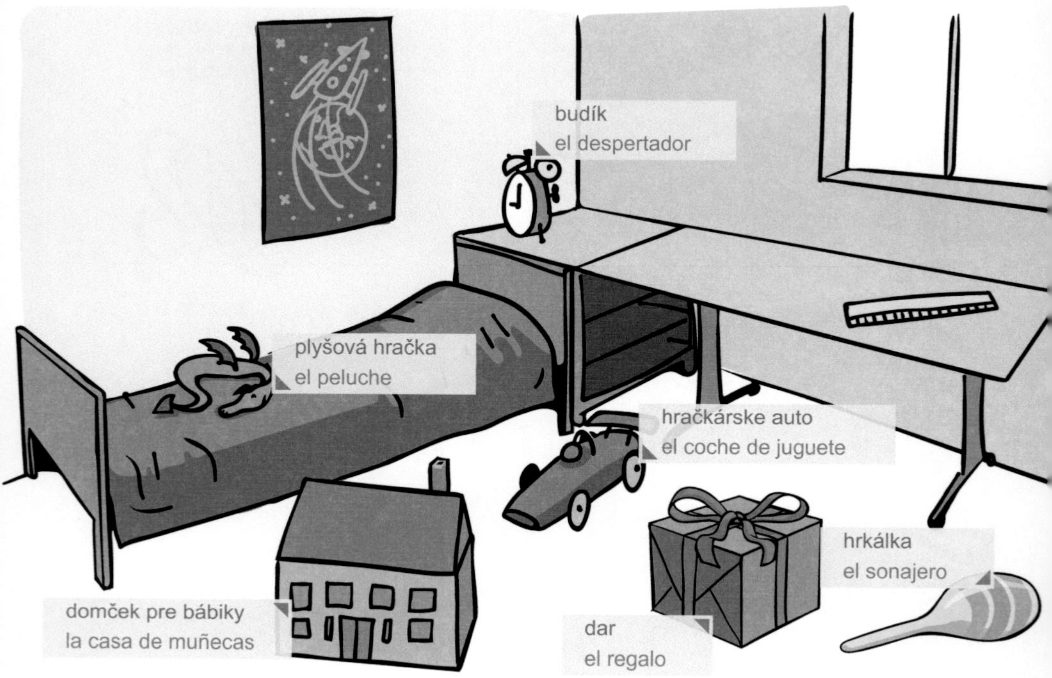
budík
el despertador
plyšová hračka
el peluche
hračkárske auto
el coche de juguete
hrkálka
el sonajero
domček pre bábiky
la casa de muñecas
dar
el regalo

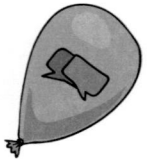

balón

el globo

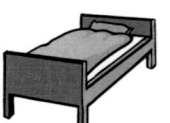

posteľ

la cama

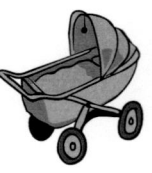

detský kočík

el coche de niño

karty

los naipes

puzzle

el puzle

SUPER
MEGA

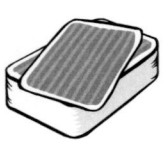

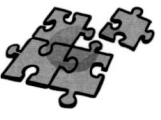

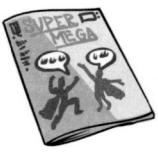

komix

el tebeo

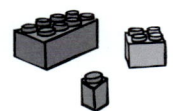

skladačka lego

las piezas de lego

stavebnica

los bloques de juguete

akčná postavička

la figura de acción

dupačky

el bodi (de bebé)

lietajúci tanier

el frisbee

závesné hračky

el colgador móvil para
bebés

stolová hra

el juego de mesa

kocka

los dados

modelový vláčik

el circuito de tren eléctrico

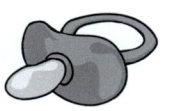

cumlík

el maniquí

párty

la fiesta

obrázková kniha

el álbum de fotos

lopta

la pelota

bábika

la muñeca

hrať sa

jugar

pieskovisko

el cajón de arena

hojdačka

el columpio

hračky

los juguetes

hracia konzola

la videoconsola

trojkolka

el triciclo

medvedík

el oso de peluche

šatník

la guardarropa

šatstvo

la ropa

ponožky

los calcetines

pančuchy

las medias

pančuchové nohavičky

los leotardos

šál
la bufanda

opasok
el cinturón

dáždnik
el paraguas

tričko
la camiseta

čižmy
las botas

papuče
las zapatillas

tenisky
las deportivas

sandále

las sandalias

topánky

los zapatos

gumáky

las botas de goma

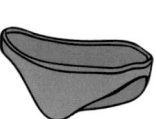

spodky

el slip

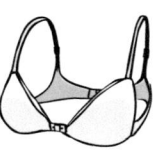

podprsenka

el sostén

tielko

el chaleco

body

el bodi

nohavice

los pantalones cortos

džínsy

los vaqueros

sukňa

la falda

blúzka

la blusa

košeľa

la camisa

pulóver

el jersey

sveter

el suéter

blejzer

el blazer

bunda

la chaqueta

˙kabát

el abrigo

pršiplášť

la gabardina

kostým

el traje

šaty

el vestido

svadobné šaty

el vestido de novia

oblek

el traje

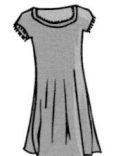

nočná košeľa

el camisón

pyžamo

el pijama

sari

el sati

šatka na hlavu

el bandana

turban

el turbante

burka

la burka

kaftan

el caftán

abaja

la abaya

dvojdielne plavky

el traje de baño

plavky

el bañador

šortky

los pantalones cortos

teplákova súprava

el chándal

zástera

el delantal

rukavice

los guantes

gombík

el botón

okuliare

las gafas

náramok

el brazalete

retiazka

el collar

prsteň

el anillo

náušnica

el pendiente

čiapka

la gorra

vešiak

la percha

klobúk

el sombrero

kravata

la corbata

zips

la cremallera

prilba

el casco

traky

los tirantes

školská uniforma

el uniforme

uniforma

el uniforme

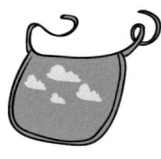

podbradník

el babero

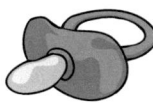

cumlík

el maniquí

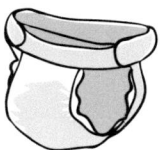

plienka

el pañal

kancelária

la oficina

server
el servidor
skriňa na spisy
el archivo
tlačiareň
la impresora
papier
el papel
monitor
el monitor
myš
el ratón
písací stôl
el escritoria
zakladač
la carpeta
klávesnica
el teclado
kôš na papier
la papelera
počítač
el ordenador
stolička
la silla

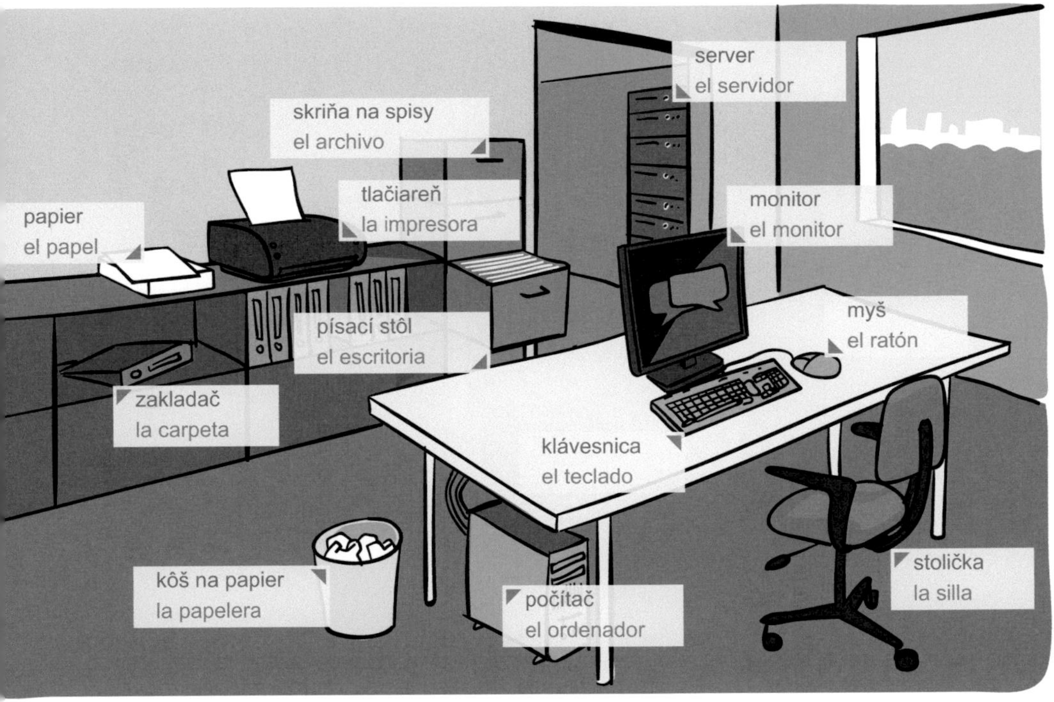

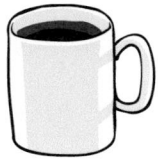

hrnček na kávu

la taza de café

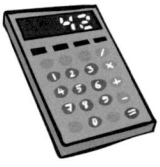

kalkulačka

la calculadora

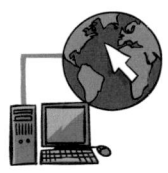

internet

el internet

laptop

el portátil

list

la carta

správa

el mensaje

mobil

el móvil

sieť

la red

kopírka

la fotocopiadora

softvér

el software

telefón

el teléfono

elektrická zásuvka

la toma de corriente

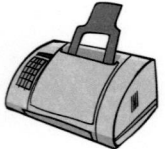

fax

el fax

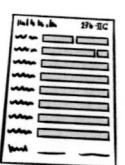

formulár

el formulario

doklad

el documento

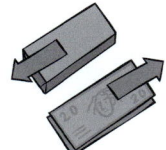

kúpiť

comprar

platiť

pagar

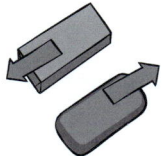

obchodovať

comerciar

peniaze

el dinero

dolár

el dólar

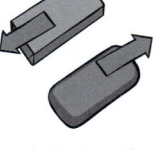

euro

el euro

jen

el yen

rubeľ

el rublo

švajčiarsky frank

el franco suizo

čínsky jüan

el renminbi yuan

rupia

la rupia

bankomat

el cajero automático

zmenáreň

la oficina de cambio de divisas

zlato

el oro

striebro

la plata

ropa

el petróleo

energia

la energía

cena

el precio

zmluva

el contrato

daň

el impuesto

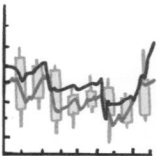

akcia

la acción

pracovať

trabajar

zamestnanec

el empleador

zamestnávateľ

el empleador

továreň

la fábrica

obchod

la tienda de campaña

povolania
los oficios

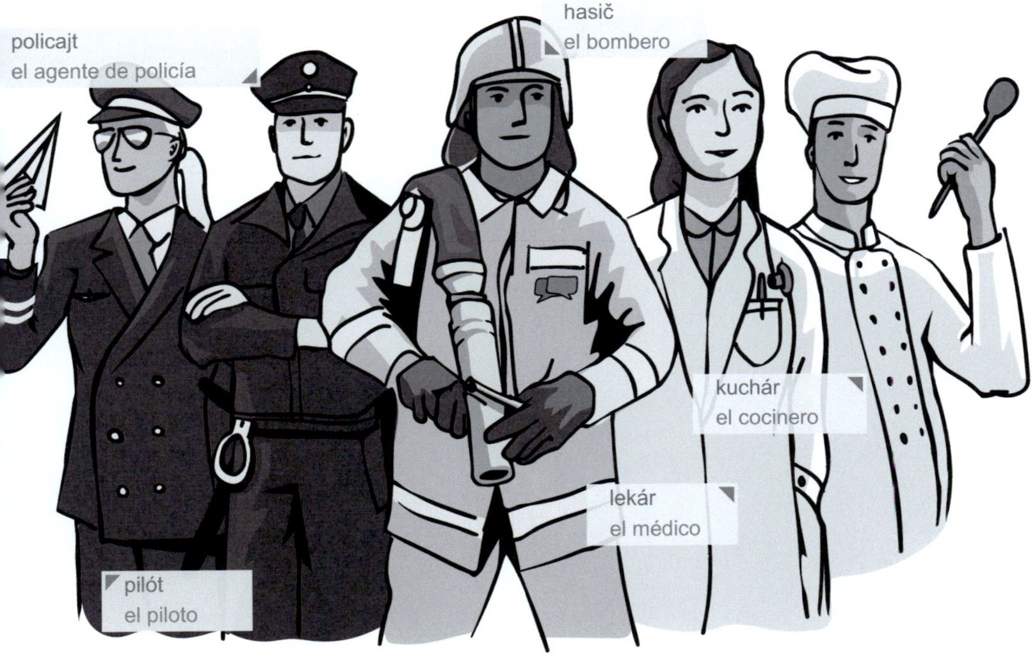

policajt
el agente de policía
hasič
el bombero
kuchár
el cocinero
lekár
el médico
pilót
el piloto

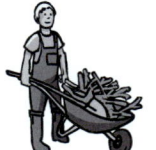

záhradník

el jardinero

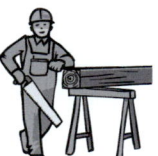

stolár

el carpintero

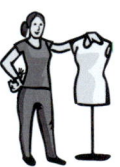

krajčírka

la costurera

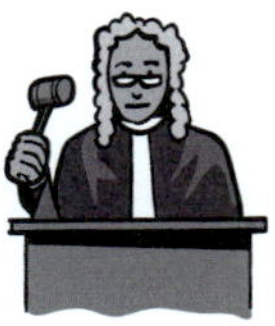

sudca

el juez

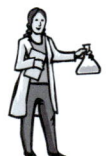

chemik

el farmacéutico

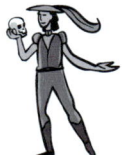

herec

el actor

vodič autobusu

el conductor de autobús

taxikár

el taxista

rybár

el pescador

upratovačka

la señora de la limpieza

pokrývač

el techador

čašník

el camarero

poľovník

el cazador

maliar

el pintor

pekár

el panadero

elektrikár

el electricista

stavebný robotník

el obrero

inžinier

el ingeniero

mäsiar

el carnicero

klampiar

el fontanero

poštár

el cartero

vojak

el soldado

architekt

el arquitecto

pokladník

el cajero

kvetinár

el florista

kaderník

el peluquero

sprievodca

el revisor

mechanik

el mecánico

kapitán

el capitán

zubár

el dentista

vedec

el científico

rabín

el rabino

imám

el imán

mních

el monje

farár

el sacerdote

náradie
las herramientas

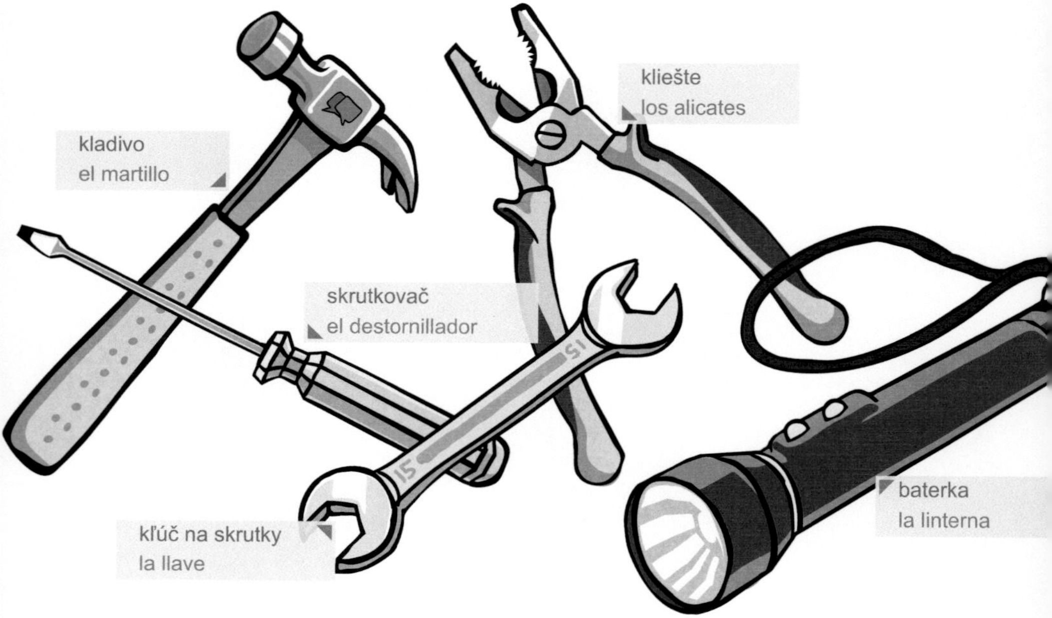
kliešte
los alicates
kladivo
el martillo
skrutkovač
el destornillador
baterka
la linterna
kľúč na skrutky
la llave

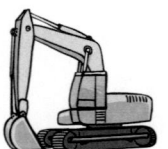

bager
la excavadora

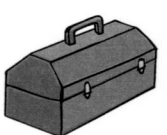

súprava náradia
la caja de herramientas

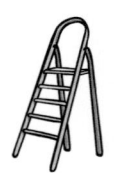

rebrík
la escalera de mano

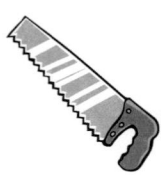

pílka
la sierra

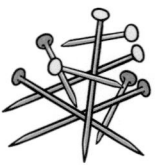

klince
los clavos

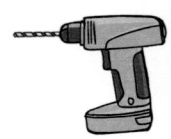

vrták
el taladro

opraviť

reparar

lopata

la pala

Do čerta!

¡Maldita sea!

lopatka na smeti

el recogedor

nádoba s farbou

el bote de pintura

skrutky

los tornillos

hudobné nástroje
los instrumentos musicales

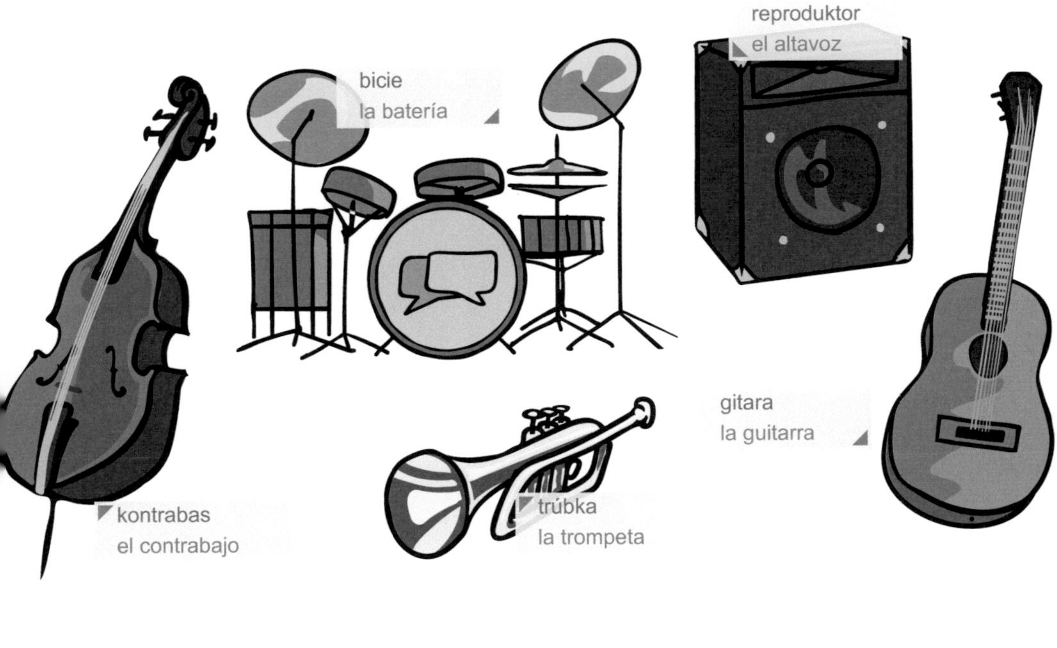

reproduktor
el altavoz

bicie
la batería

gitara
la guitarra

kontrabas
el contrabajo

trúbka
la trompeta

klavír

el piano

husle

el violín

basa

bajo

tympany

los timbales

bubon

el tambor

klávesnica

el teclado

saxofón

el saxofón

flauta

la flauta

mikrofón

el micrófono

ZOO
el zoo

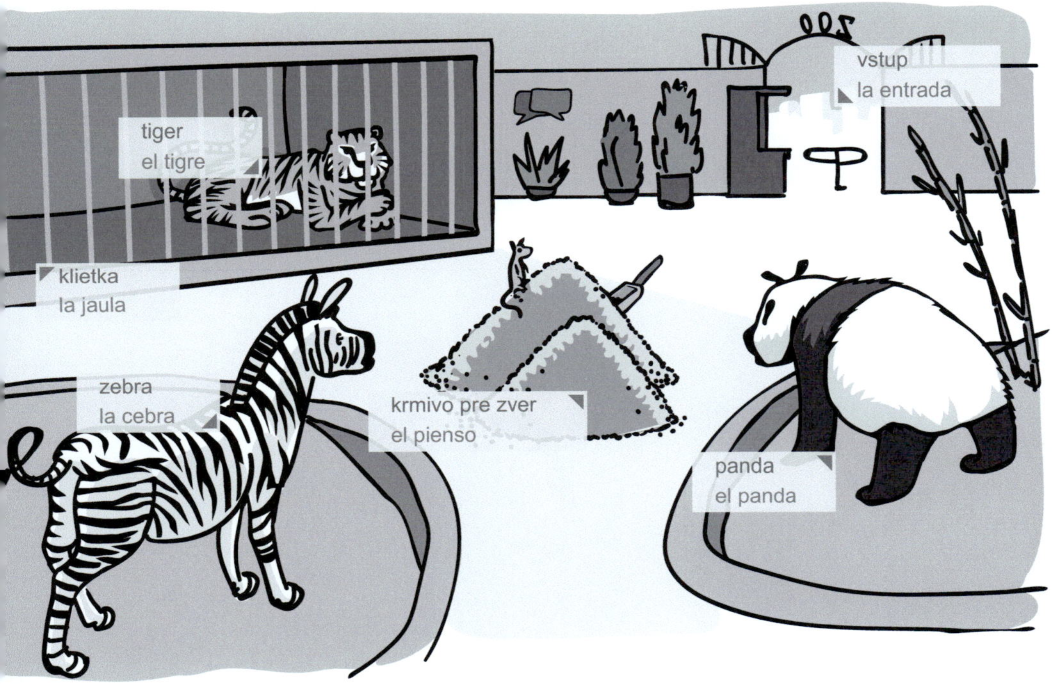
vstup
la entrada
tiger
el tigre
klietka
la jaula
zebra
la cebra
krmivo pre zver
el pienso
panda
el panda

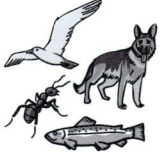

zvieratá

los animales

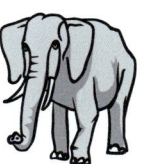

slon

el elefante

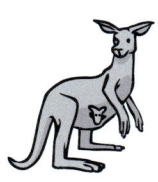

klokan

el canguro

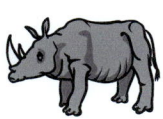

nosorožec

el rinoceronte

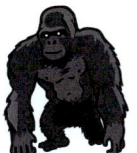

gorila

el gorila

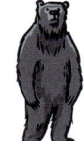

medveď

el oso

ťava

el camello

pštros

el avestruz

lev

el león

opica

el mono

plameniak

el flamingo

papagáj

el loro

ľadový medveď

el oso polar

tučniak

el pingüino

žralok

el tiburón

páv

el pavo real

had

la serpiente

krokodíl

el cocodrilo

ošetrovateľ v ZOO

el guardián de zoológico

tuleň

la foca

jaguár

el jaguar

poník

el poni

leopard

el leopardo

hroch

el hipopótamo

žirafa

la jirafa

orol

el águila

diviak

el jabalí

ryba

el pescado

korytnačka

la tortuga

mrož

la morsa

líška

el zorro

gazela

la gacela

americký futbal
el fútbol americano

cyklistika
el ciclismo

tenis
el tenis

basketbal
el baloncesto

plávanie
la natación

box
el boxeo

hokej
el hockey sobre hielo

futbal
el fútbol

bedminton
el bádminton

ľahká atletika
el atletismo

hádzaná
el balonmano

lyžovanie
el esquí

pólo
el polo

skočiť
saltar

objať
abrazar

smiať sa
reír

chodiť
caminar

spievať
cantar

snívať
soñar

modliť sa
rezar

pobozkať
besar

písať
escribir

kresliť
dibujar

ukázať
mostrar

tlačiť
empujar

dať
dar

brať
tomar

mať

tener

robiť

hacer

byť

ser

stáť

estar de pie

bežať

correr

ťahať

tirar

hádzať

tirar

padnúť

caer

ležať

yacer

čakať

esperar

nosiť

llevar

sedieť

estar sentado

obliecť sa

vestirse

spať

dormir

zobudiť sa

despertar

aktivity - las actividades

pozerať

mirar

plakať

llorar

hladkať

acariciar

česať

peinar

hovoriť

hablar

rozumieť

entender

pýtať sa

preguntar

počuť

escuchar

piť

beber

jesť

comer

upratať

ordenar

milovať

amar

variť

cocinar

jazdiť

conducir

letieť

volar

plachtiť

navegar

počítať

calcular

čítať

leer

učiť sa

aprender

pracovať

trabajar

oženiť

casarse

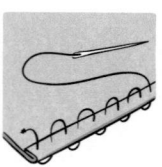

šiť

coser

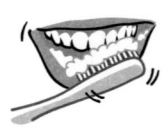

čistiť zuby

cepillarse los dientes

zabiť

matar

fajčiť

fumar

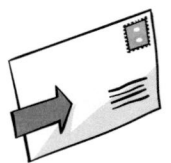

poslať

enviar

stará mama
la abuela

starý otec
el abuelo

otec
el padre

mama
la madre

bábo
el bebé

dcéra
la hija

syn
el hijo

hosť
....
el invitado

teta
....
la tía

strýko
....
el tío

brat
....
el hermano

sestra
....
la hermana

telo

el cuerpo

čelo
la frente
oko
el ojo
plece
el hombro
prst
el dedo
tvár
la cara
brada
la barbilla
ruka
la mano
hruď
el pecho
noha
la pierna
rameno
el brazo

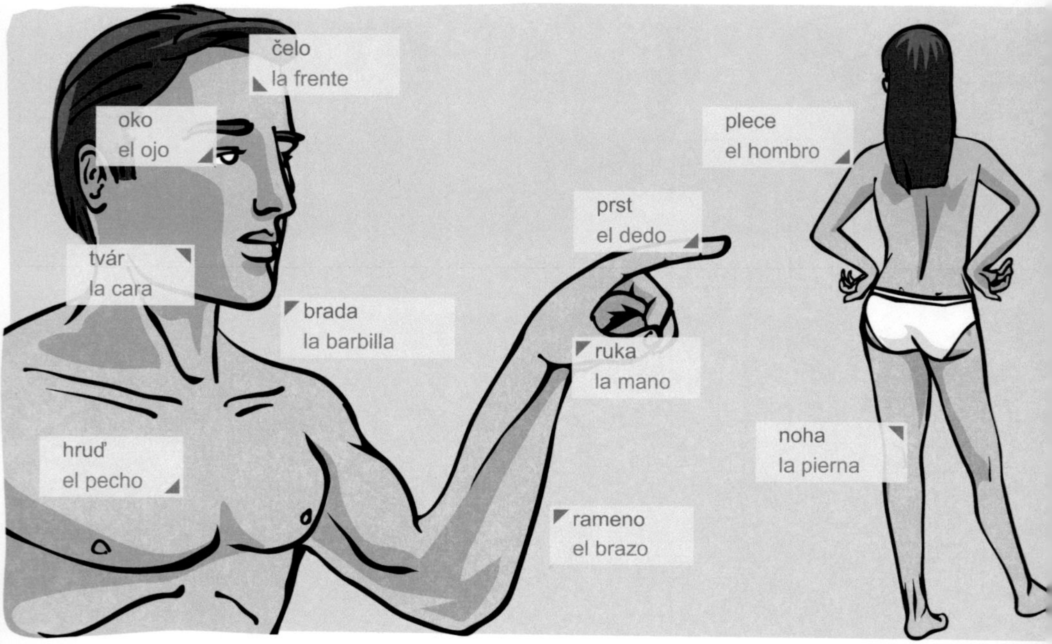

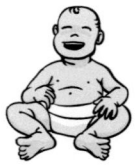

bábo

el bebé

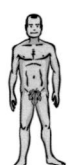

muž

el hombre

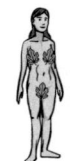

žena

la mujer

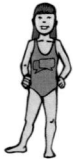

dievča

la chica

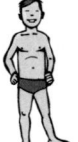

chlapec

el chico

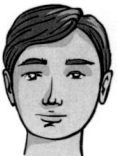

hlava

la cabeza

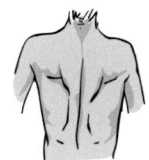

chrbát
la espalda

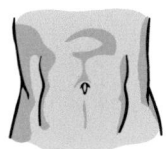

brucho
el vientre

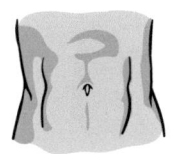

pupok
el ombligo

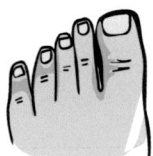

prst na nohe
el dedo del pie

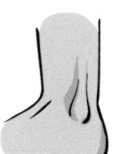

päta
el talón

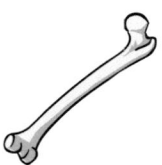

kosť
el hueso

bok
la cadera

koleno
la rodilla

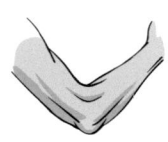

lakeť
el codo

nos
la nariz

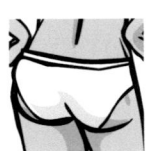

zadok
el trasero

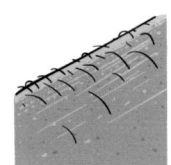

koža
la piel

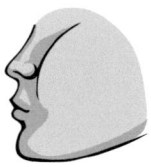

líce
la mejilla

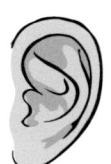

ucho
el oído

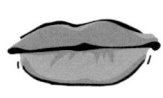

pery
el labio

ústa

la boca

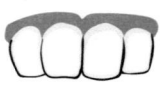

zub

el diente

jazyk

la lengua

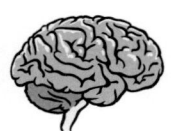

mozog

el cerebro

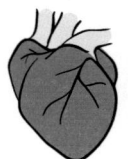

srdce

el corazón

svaly

el músculo

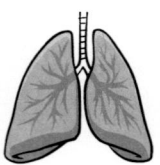

pľúca

el pulmón

pečeň

el hígado

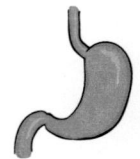

žalúdok

el estómago

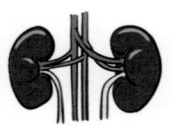

obličky

los riñones

pohlavný styk

el sexo

kondóm

el condón

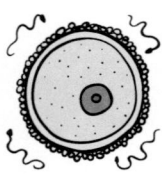

vaječná bunka

el ovario

semeno

el semen

tehotenstvo

el embarazo

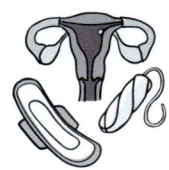

menštruácia

la menstruación

vagína

la vagina

penis

el pene

obočie

la ceja

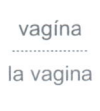

vlasy

el pelo

krk

el cuello

nemocnica
el hospital

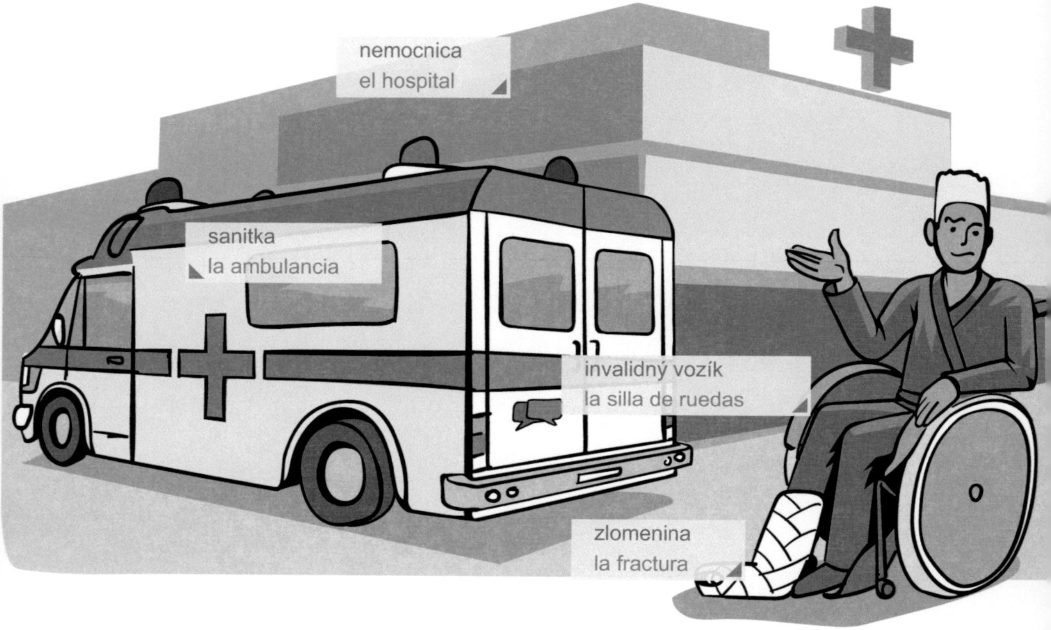

nemocnica
el hospital
sanitka
la ambulancia
invalidný vozík
la silla de ruedas
zlomenina
la fractura

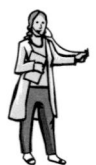

lekár

el médico

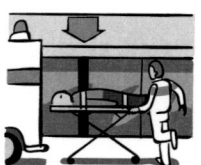

urgentný príjem

la sala de urgencias

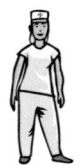

sestrička

la enfermera

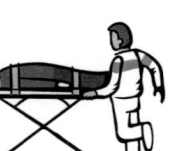

urgentný prípad

la urgencia

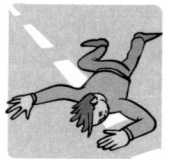

v bezvedomí

inconsciente

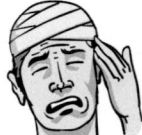

bolesť

el dolor

zranenie

la lesión

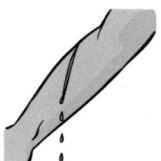

krvácanie

la hemorragia

srdcový infarkt

el infarto

mozgová porážka

el ictus

alergia

la alergia

kašeľ

la tos

teplota

la fiebre

chrípka

la gripe

hnačka

la diarrea

bolesť hlavy

el dolor de cabeza

rakovina

el cáncer

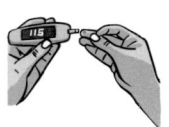

cukrovka

la diabetes

chirurg

el cirujano

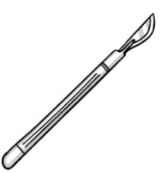

skalpel

el bisturí

operácia

la operación

CT

TAC

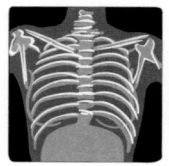

RTG
----
los rayos x

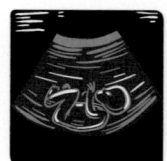

ultrazvuk
----
el ultrasonido

maska
----
la mascarilla

choroba
----
la enfermedad

čakáreň
----
la sala de espera

barla
----
la muleta

náplasť
----
la tirita

obväz
----
la venda

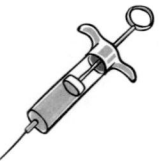

injekcia
----
la inyección

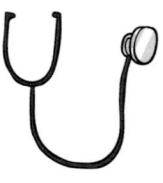

fonendoskop
----
el estetoscopio

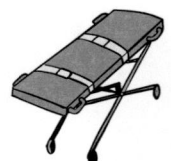

nosidlá
----
la camilla

teplomer
----
el termómetro

pôrod
----
el nacimiento

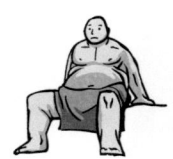

nadváha
----
el sobrepeso

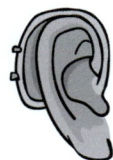

audiofón
el audífono

dezinfekčný prostriedok
el desinfectante

infekcia
la infección

vírus
el virus

HIV / AIDS
VIH / SIDA

medicína
la medicina

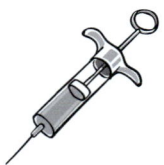

očkovanie
la vacunación

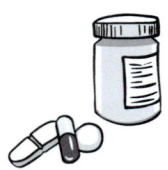

tabletky
las tabletas

antikoncepčná pilulka
la pastilla

tiesňové volanie
la llamada de urgencia

tlakomer
el tensiómetro

chorý / zdravý
enfermo / sano

Pomoc!

¡Socorro!

alarm

la alarma

prepad

el asalto

útok

el ataque

nebezpečenstvo

el peligro

núdzový východ

la salida de emergencia

Horí!

¡Fuego!

hasičský prístroj

el extintor de incendios

nehoda

el accidente

kufrík prvej pomoci

el botiquín de primeros
auxilios

SOS

SOS

polícia

la policía

Európa

Europa

Severná Amerika

Norteamérica

Južná Amerika

Sudamérica

Afrika

África

Ázia

Asia

Austrália

Australia

Atlantický oceán

el atlántico

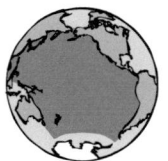

Tichý oceán

el Pacífico

Indický oceán

el Océano Índico

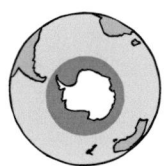

Južný oceán

el Océano Antártico

Severný ľadový oceán

el Océano Ártico

Severný pól

el polo norte

Južný pól

el polo sur

Antarktída

La Antártida

Zem

la tierra

krajina

la tierra

more

el mar

ostrov

la isla

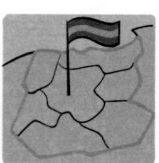

národ

la nación

štát

el estado

ciferník

la esfera

hodinová ručička

la manecilla de las horas

minútová ručička

el minutero

sekundová ručička

el segundero

Koľko je hodín?

¿Qué hora es?

deň

el día

čas

el tiempo

teraz

ahora

digitálne hodiny

el reloj digital

minúta

el minuto

hodina

la hora

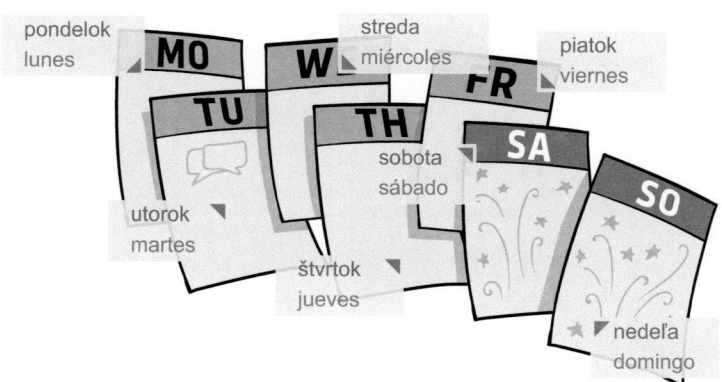

pondelok
lunes

streda
miércoles

piatok
viernes

utorok
martes

sobota
sábado

štvrtok
jueves

nedeľa
domingo

včera
ayer

dnes
hoy

zajtra
mañana

ráno
la mañana

poludnie
el mediodía

večer
la tarde

MO	TU	WE	TH	FR	SA	SU
1	2	3	4	5	6	7
8	9	10	11	12	13	14
15	16	17	18	19	20	21
22	23	24	25	26	27	28
29	30	31	1	2	3	4

pracovné dni
los días laborables

MO	TU	WE	TH	FR	SA	SU
1	2	3	4	5	6	7
8	9	10	11	12	13	14
15	16	17	18	19	20	21
22	23	24	25	26	27	28
29	30	31	1	2	3	4

víkend
el fin de semana

dážď
la lluvia

dúha
el arcoíris

sneh
la nieve

vietor
el viento

jar
la primavera

jeseň
el otoño

leto
el verano

zima
el invierno

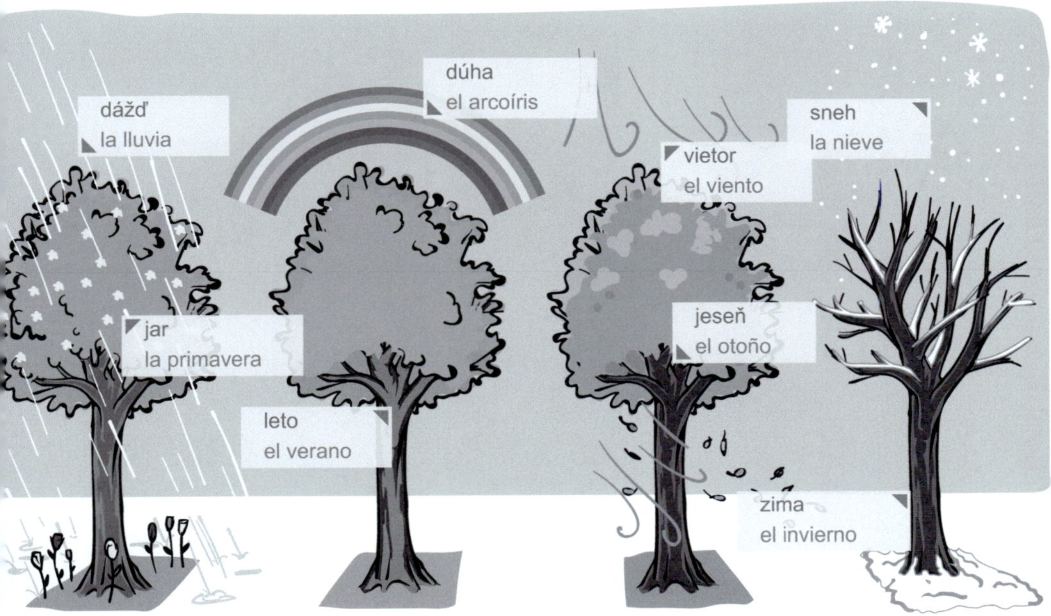

predpoveď počasia

el pronóstico del tiempo

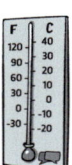

teplomer

el termómetro

slnečný svit

el sol

oblak

la nube

hmla

la niebla

vlhkosť vzduchu

la humedad

blesk

el rayo

hrom

el trueno

búrka

la tormenta

krúpy

el granizo

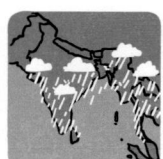

monzún

el monzón

záplava

la inundación

ľad

el hielo

janu003e

január

enero

február

febrero

marec

marzo

apríl

abril

máj

mayo

jún

junio

júl

julio

august

agosto

september

septiembre

október

octubre

november

noviembre

december

diciembre

kruh

el círculo

štvorec

el cuadrado

obdĺžnik

el rectángulo

trojuholník

el triángulo

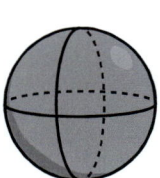

guľa

la esfera

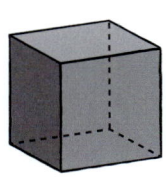

kocka

el cubo

biela

blanco

žltá

amarillo

oranžová

anaranjado

ružová

rosa

červená

rojo

fialová

morado

modrá

azul

zelená

verde

hnedá

marrón

šedá

gris

čierna

negro

veľa / málo

mucho / poco

zúrivý / pokojný

enojado / tranquilo

pekný / škaredý

bonito / feo

začiatok / koniec

principio / fin

veľký / malý

grande / pequeño

svetlý / tmavý

claro / oscuro

brat / sestra

el hermano / la hermana

čistý / špinavý

limpio / sucio

úplný / neúplný

completo / incompleto

deň / noc

el día / la noche

mŕtvy / živý

muerto / vivo

široký / úzky

ancho / estrecho

chutný / nechutný

comestible / no comestible

zlostný / láskavý

malo / amable

vzrušený / unudený

entusiasmado / aburrido

tlstý / chudý

gordo / delgado

prvý / posledný

primero / último

priateľ / nepriateľ

el amigo / el enemigo

plný / prázdny

lleno / vacío

tvrdý / mäkký

duro / blando

ťažký / ľahký

pesado / ligero

hlad / smäd

el hambre / la sed

chorý / zdravý

enfermo / sano

nelegálny / legálny

ilegal / legal

inteligentný / hlúpy

inteligente / tonto

vľavo / vpravo

izquierda / derecha

blízko / ďaleko

cerca / lejos

nový / použitý

nuevo / usado

nič / niečo

nada / algo

starý / mladý

viejo / joven

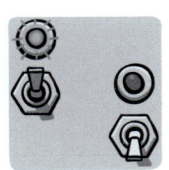

zapnuté / vypnuté

encendido / apagado

otvorené / zatvorené

abierto / cerrado

tichý / hlasný

silencioso / ruidoso

bohatý / chudobný

rico / pobre

správne / nesprávne

correcto / incorrecto

drsný / hladký

áspero / suave

smutný / šťastný

triste / contento

krátky / dlhý

corto / largo

pomaly / rýchlo

lento / rápido

mokrý / suchý

húmedo / seco

teplý / studený

cálido / frío

vojna / mier

guerra / paz

0

nula
cero

1

jeden
uno

2

dva
dos

3

tri
tres

4

štyri
cuatro

5

päť
cinco

6

šesť
seis

7

sedem
siete

8

osem
ocho

9

deväť
nueve

10

desať
diez

11

jedenásť
once

12

dvanásť
doce

13

trinásť
trece

14

štrnásť
catorce

15

pätnásť
quince

16

šestnásť
dieciséis

17

sedemnásť
diecisiete

18

osemnásť
dieciocho

19

devätnásť
diecinueve

20

dvadsať
veinte

100

sto
cien

1.000

tisíc
mil

1.000.000

milión
el millón

angličtina

el inglés

americká angličtina

el inglés americano

mandarínska čínština

el chino madarín

hindčina

el hindi

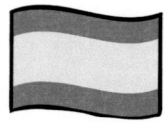

španielčina

el español

francúzština

el francés

arabčina

el árabe

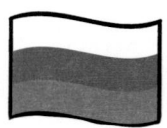

ruština

el ruso

portugalčina

el portugués

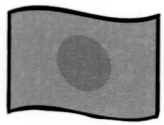

bengálčina

el bengalí

nemčina

el alemán

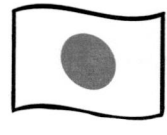

japončina

el japonés

ja

yo

ty

tú

on/ona/ono

él / ella / ello

my

nosotros/as

vy

vosotros/as

oni

ellos/as

kto?

¿quién?

čo?

¿qué?

ako?

¿cómo?

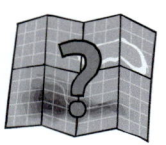

kde?

¿dónde?

kedy?

¿cuándo?

meno

el nombre

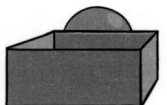

za
....
detrás

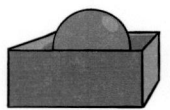

v
....
en

pred
....
delante de

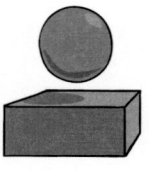

nad
....
por encima de

na
....
sobre

pod
....
debajo de

vedľa
....
junto a

medzi
....
entre

miesto
....
el lugar